너무 한꺼번에 날아온 오후

김 숙 희 시집

시와
사람

너무 한꺼번에 날아온 오후

2023년 10월 10일 1쇄
2023년 11월 25일 2쇄

지은이 김숙희

펴낸이 강경호 편집장 강나루 디자인 정찬애
펴낸곳 도서출판 시와사람
등록 1994년 6월 10일 제 05-01-0155호
주소 광주시 동구 양림로 119번길 21-1(학동)
전화 (062)224-5319 E-mail jcapoet@hanmail.net

ISBN 978-89-5665-675-5 03810

· 잘못된 책은 구입하신 서점에서 바꾸어 드립니다.
· 값은 표지에 있습니다.

이 도서의 국립중앙도서관 출판예정도서목록(CIP)은
서지정보유통지원시스템 홈페이지(http://seoji.nl.go.kr)와
국가자료종합목록 구축시스템(http://kolis-net.nl.go.kr)에서
이용할 수 있습니다.

너무 한꺼번에 날아온 오후

시인의 말

중년이 되어서야 성실과 열정의 가치를 알게 된
늦깎이 인생!

문학과 문화예술의 비상을 위해 계속 드전한다!

2023년 가을
해남 땅끝 마을에서 목포댁
교사 김숙희 시낭송가

너무 한꺼번에 날아온 오후 _ 차례

1부 새에 관한 보고서

2부 나무의 바깥

3부 새벽은 벽이 아니다

1부

새에 관한 보고서

고양이는 두부 한 모를 사들고

비가 내릴 것 같은 저녁 어스름
고양이 한 마리가 두부 한 모를 사들고
골목을 돌아가고 있다

처음엔 고양이도 두부를 먹나 생각했다가
고양이도 두부를 먹을 수 있겠구나 생각했다가
고양이가 두부를 살 수 있을까 하는 데까지
그 생각이 따라가게 되었다

실은 내가 오래 다니는 동네 가게에서
두부 한 모를 사들고 나오다가
잽싸게 골목 속으로 사라지는
길고양이 한 마리를 보고
얘야, 너도 두부 사러 나왔니
말을 붙여보다가

정말로 고양이 손에 두부를 건네주고 싶다가
이렇게 저렇게 헝클어진 생각들이
두서없이 나열되던 시간이었다

고양이는 이미 어디론가 사라지고 없어서

할 수 없이 나는 고양이 같은 표정으로
일부러 내 얼굴을 바꾸어보다가

고양이 한 마리가
두부 한 모를 사들고 골목길을 돌아
집으로 가는 중이라고 말해 버렸다

나비가 지나간 뒤에

감기약을 마시고
구두의 뒷굽을 살펴보고

사무실의 커튼을 열어젖히고

가로수의 잎들이 흔들리고
마악, 나비 한 마리 날아가고

전화벨 소리가 울려대고
얼마 전에 사진을 함께 찍었던

그가 날아갔다

거미를 상상해 보는 시

거미의 생활을 보면
거미가 고대 왕국의 아름다운 공주였다는 사실을
눈치챌 수 있을 겁니다

금기의 사랑이 발각되던 날
머리끝까지 화가 오른 부왕의 명령으로
공주는 작은 방에 갇혔겠지요
공주는 사랑이 그리워 나중에는 결국
스스로의 모습에 저주를 걸었겠지요

빛나던 아름다움이 사라지고 흉측한 모습이 된 공주는
왕국에서 영원히 추방을 당하고 말았을 것입니다

거미는 오늘도 길섶의 가로수 가지에
아슬아슬한 허공의 방 한 칸을 걸어 놓고
오지 않는 옛사랑을 기다리고 있을 것만 같아요

커다란 날갯짓으로 날아와서
지금 막 거미를 입에 물고 가는 큰 새가
공주를 사랑한 죄로 죽임을 당한
그때 그 고대 왕국의 검투사였을지도 몰라요.

미련한 독서

해오라기 한 마리가 그의 저수지를 읽다가
돌아가는 중이다

자신에게 할당된 도서圖書를
바람이 먼저 몇 페이지 넘겨버리고 갔는지를
헤아려 보는 일이
우리들의 인생이었을지 모른다

어느 여행지에서 미련한 독서를 만났다
높고 기다란 폭포에서 떨어지는 물소리를
하염없이 읽고 있었던
늙은 노간주나무 한 그루도
튀어 오른 물방울에 눈시울이 젖어 있었다

평생 동안 가족들만 읽어내었던
어머니의 부엌 독서 같은
미련함을 한참 바라보았다

불여시

마을에서 제일 예뻤던 화자 언니가 명절에 짧은 치마에 스타킹을 신고 나타났는데 동네 아줌마들은 불여시가 왔다고 그랬다

동네 오빠들은 불여시를 너무 사랑스럽게 대해 주었다

나도 나중에 커서 불여시가 되어야지 생각했는데

엄마에게 아무리 불여시를 물어보아도 가르쳐 주지 않았다 어린 마음에도 왠지 화자 언니에겐 불여시를 물어서는 안 될 것 같았다

아쉽지만 나는 불여시가 되지 못하고 말았다.

참새는 참 잘 생겼다

시골 교회 앞 전깃줄 위에
아침나절
참새 일곱 마리 앉아있다

어젯밤
밤하늘에게로 쳐다본
북두칠성의
우체부들 일지도 모른다는
엉뚱한 생각을 했다

별들도 왠지 참새들에게만
심부름을 시킬 것 같았던 것은

새들의 이름 중에 참새만
참새라고 불렸기 때문이었는데

그러고 보니 참새는
참 잘 생겼다

예배가 끝났는지
참새 같은 교회 사람들이
유리문을 밀고 밖으로
하나둘 쏟아져 나온다.

게장 골목

일이 꼬여서 풀리지 않거나 기운이 딸려서 힘든 날에는 전라도 여수시 봉산동 게장거리로 가세요

집집마다 간장을 졸여 졸아든 간장 속으로 한숨소리도 울화통도 졸여버리는 진풍경을 마주치세요

한 번은 한라장사 같은 이들이 한꺼번에 몰려들어 무한 리필 게장 국물까지 쓸어먹고 갔다는 전설도 한 번 들어 보세요

뜨거운 밥 한 그릇 보시기에 털어 넣고 쓱싹쓱싹 비벼서 게눈 감추듯이 비워 보세요

우지끈 와지끈 게 다리는 부셔 버려요

아직은 견딜만하다고 끌고 다니는 당신의 집게발도 모처럼 깃발같이 치켜들어 올려 보세요

토끼가 오는 시간

수국이 피는 시간을
토끼가 오는 시간이라고 불러야지

이 숲에서
네가 사는 마을의 거리까지도
그렇게 다른 이름으로 고쳐서 불러 보아야지

알아듣기 힘든 말도
알고 보면 쉬운 것을
설명하는 방식으로 써먹기도 해보아야지

이다음에 내가
주최가 될지 모르는 행사의 이름도

토끼들이 모이는 시간이라고
붙여도 될 것인지 생각해 보아야지

날개

한 번도 가보지 못한 길이 있었다

한 번도 만나지 못한 사람들도 있었다

한 번도 꺼내들지 못한 생각들이 들어차 있었다

얼마나 무궁한 존재이냐

나는 아직 날아갈 수 있는 날개가 얼마나 접혀 있었나

새에 관한 보고서

그 새는 평생을 바람과 싸우다가 지상에 추락한 흔적을 날개의 무늬에 새겨 놓았다

시인 박 아무개 선생은 정읍의 한 초옥에서 일천 병의 술병과 일천 편의 시를 남기고 전설이 되었다는 전설이 있었다

보고서의 말미에 시인의 영혼은 붉은 새가 되어 하늘을 날아다닐지 모른다는 후기를 남기고 싶은 마음이 들었다

모기

공사판의 오 씨도 떨어져서 죽었다
왱왱거리며 여기까지는 날아왔다

가는 발목과 작은 날개로

어떻게 이런 일이

비행기를 놓쳤다
어떻게 이런 일이

누가 옮겨다 놓았을까
공항 실내의 한쪽에 유리벽을 세우고
심해의 열대어들을 가두어 놓았다

나처럼 저들도 바다를 놓쳐버렸다

새

재산이 많은 부잣집이 잘못되어도 그 집 위를 날아다니는 새들은 상관하지 않을 것 같았다

신발을 모으던 독재자의 부인은 새들의 발에 대하여 알지 못했다

사람들의 걸음으로는 찾아갈 수 없는 연못 속을 새들은 갈 수 있었다 신발을 신지 않은 가난한 발목으로

새들의 왕국 같은 건 어디에서 발견되지 않아도 새들의 날개는 어느 나라에든 날아갈 수 있었다

가장 가벼운 집과 발목으로 멸망하지 않는 그들의 이름은 한 글자였다

거미의 집

노인은 이제 집에서 나오지 않는다 노인의 집은 허공이다 유리창 밖으로 바람소리가 지나간다 냉장고를 가늠하는 흐릿한 시력이 유일한 그의 동작이다 노인은 힘을 다해 몇 점 먹이를 접시에 담는다 앞발로 부여잡고 오물오물 삼킨다 노인의 집에는 문이 없어 하루 종일 열리지도 닫히지도 않는다

고등어

이름과는 다르게
고등어들은 떼를 지어 다닌다

고등 수법을 쓰는
고등계 형사이거나

고등계 권력자이거나
고등한 사기꾼들일수록
저희끼리 서로를 알아본다

등이 푸른 척 낄낄대거나
비늘이 없어 물고기가 아닌 척 위장술을
쓰기도 하면서

고등어를 만나면 간에 신경을 쓰고
약한 불에 오래 졸여야 하는
고등어스럽게 대해 주어야 할
고등스러운 반찬감이

치아

하나둘 집을 떠나가는
아이들

너무 질긴 날들을 견뎠으므로

머나먼 미로美路

그 길은 세상에서 가장 험하고 아름다운 길이다.

처마 끝에 매달린 고드름이 한 방울 두 방울 물방울들을 떨어뜨리며
사라져 가던

한겨울의 대낮과 같은 소멸의 길이다

동해를 거슬러 온 연어들은 남대천에 이르러 긴 미로의 여정을 마친다

가난한 기남이 삼촌, 동해 바다보다 험한 공사판을 떠돌다가 머릿수 많은
식구들에겐 주소지 적힌 집 한 칸 남겨주고 아픈 몸으로 떠나갔다

그것은 섬의 이름이 아니었다

보리알 같은 글씨들이 새겨져 있었다 매 맞고 칼 맞는 정황들이 해변을 이루고 있었다

바다 건너 귀양을 가는 한 벼슬의 여정이 흑산*에 담겨진 까만 붓질이었다

긴 이야기를 넘기는 동안 눈발이 창에 어렸다 창문 밖이 훤해져서야 검은 섬 하나가 내 손에서 물러갔다 그곳에 사는 물고기들과 사람들의 행동이 어렴풋이 남아 있었다

날개가 몸의 전부인 가오리 같은 시 한 편이 흑산을 건너 날아오는 것 같았다

*김훈의 소설

와인은 꼬리가 길다

내게로 살짝
붉어지는
순간만큼만

그래그래
거기까지만

아니야
한 잔만
더

이왕이면
이 잔까지만

2부

나무의 바깥

너는 없는 곳에 내가 있는 동안

저 잎 없는 꽃 때문에
꽃 없는 잎 때문에

선운사에서 도솔암까지 가는 길은
백리百里입니다

눈물처럼 후두둑*
꽃 지는 일은

선운사 동백나무에게
벌어진 일이라는데

선운사에 한 번도 가지 않은
사람에게도

잎 없는 꽃 지고
꽃 없는 잎만 홀로서 돋아나는
선운사 상사화에는

잎 없는 데 꽃 있고
꽃 있는데 입 없는

세상의 백 리 길을 닮았습니다

*송창식의 노래 〈선운사〉에서

소국小菊

아는 꽃 이름 중에
제법 슬펐다

섬나라로 돈벌이 나간
친척 언니는
가을에 돌아왔다

사람은 오지 못하고
이름만 돌아왔다

언니네 화단가에
꽃잎 촘촘한 소국이 피었다

가난하고 작은 나라의
조용한 이름처럼

나무의 바깥

나무는 안에 있고

나무의 모든 것은 온통 바깥이지요

바깥의 껍질과 가지, 바람 속에 흔들리는 이파리

새들과 천둥

바깥을 적시고 가는 빗소리

제 자리마다 지키고 서있는

나무들은

어쩜 그렇게도 사람을 닮았는지

말이예요

너무 한꺼번에 날아온 오후

채송화가 햇볕을 물고 있거나

식구들의 빨래가 깨끗하게 말랐거나

우체부의 무거운 자전거가 다녀갔거나

마당이 아직 비어 있거나

옥수수대 줄기에 와서 바람이 길을 잃었거나

어디선가 갑자기 우주선처럼 생긴 오후가 날아왔다

어쩔 땐 단체로 몰려와서

본래는 여기가 저희들의 영화관이었거나

그 근처가 분명하다고

쉽게는 돌아가지 않을 것 같을 때도 있었다

잠자리들은 너무 한꺼번에 몰려 왔다가

한꺼번에 사라지곤 하였다

좌절에게 불려가서 쩔쩔매야 했던 날에는

너무 한꺼번에 날아온 오후가 생각났다

등나무가 있던 집

보라색 스웨터가 잘 어울리는 친구는 등나무가 있는 집에서 살았다 목이 한참이나 길었다

우리 집에도 등나무를 심고 싶었던 바램은 번번이 좌절되고 말았는데 집 안에 등꽃 줄기처럼 꼬이는 것이 있어선 안 된다는 어른들의 참견 때문이었다

등나무가 있는 집은 마을에서 한 집 뿐이었다 형제들이 많았는데 의가 좋았다 하지만 친구네 살림은 등꽃처럼 밝지 않았다

등나무 집에 사는 친구네가 이사를 가자 새로 온 집 주인이 등나무를 파내었다 집 주인도 어른이어서 그랬는지 모른다

그렇게 등나무 집이 사라지고 말았다 마른 줄기 끝에서도 꽃이 피는 걸 배웠던 등나무 집 친구는 나중에 선생님이 되었다 보라색 스웨터가 잘 어울렸고 목이 유난히 길었다

나무

나중까지 떠나지 않고

맨 나중까지 내 곁에

서 있겠다던 사람

벚꽃 아래

외할아버지 인물이 좋은 집들마다
외할머니들은 퍽이나 일찍 늙고 말았을 거야

길가의 벚꽃나무들 마냥
눈에 불 켜는 일도 많았을 거야

벚꽃 아래 걷다가 보면
화르르, 제 풀에 지는 꽃잎들

아서라 말도 꺼내지 말라던
외할머니들 젊은 날의 손사래같이

속으로 맺힌 한숨 멍울들 닮은 벚꽃 아래 지나다보면
자꾸만 자꾸만 외할머니 생각이 난다

은행나무가 서있던 자리

정육점 앞을 떠나지 않고 그 자리에서만 늙은 은행나무가 한 그루 있었다 은행나무 때문에 그 집은 은행나무 정육점이라 불렸다

가을이 되면 정육점 앞을 굴러다니던 노오란 손수건들은 정육점 앞의 은행나무가 제 호주머니 속에서 흘린 것 같았다

도로가 확장되면서 은행나무 정육점은 뜯겨져 사라지고 말았다 중앙선 표시로 노랗게 실금이 그어진 자리가 은행나무 정육점이 있었던 곳이었다

은행나무도 뽑혀서 긴 트럭 위에 노인 마냥 눕혀져 은행나무 정육점 앞을 떠나갔다 먼 훗날 장맛비가 지나간 도로가에 노오란 비닐우산이 한 개 버려져 뒹굴고 있었는데 정육점 앞에서만 늙었던 은행나무가 서 있던 그 자리 부근이었다

밀 향기

손이 닿지 않던 상처에 하얗고 부드러운 약을 발라주던 엄마의 손끝에서는 은밀하고 두터운 밀 향기가 났다 어떤 슬픔의 지점에서도 때 아니게 피어오르던 그런 내음새였다

가끔 레몬 향이 알맞을 것 같은 장소를 지나가기도 한다 백화점의 명품관 같은 데에서는 도저히 밀 향기가 어울리지 않아 냄새로 인한 낯설음을 치루기도 하였는데 삼나무 밭을 지나올 때 향기보다 맹렬한 요의에 시달렸던 적도 있었다

친했던 사람과 헤어지고 온 밤에 이상하게도 나는 접시에 담아온 포도 한 송이를 먹었고 그 때문이었는지 이별의 기억이 그렇게 나쁘지만은 않았다

도시의 빌딩들이 밀처럼 자라고 있었지만 내게서는 갈수록 은밀했던 밀 향기가 희미해져 가고 있었다

접시꽃이 피었다

사람과 동물들을 만들고 돌아가는 길에 조물주는 꽃씨를 남기고 갔다

시간이 지나자 사람들은 자신들을 만들어준 그를 잊어버리는 것 같았는데

접시꽃 한 송이 화단가에 피었다

사람들을 대신하여 신에게 고마움과 미안함을 접시에 담아 올렸다

경포대 녹차 밭

전라남도 강진군 금릉에도
경포대라는 지명이 있는데
산자락에 그림 같은 녹차밭이 있다

차나무들은 고랑을 지어
산비알 경사면까지 정갈하게 펼쳐져 있다

찻잎이 어찌 나뭇잎일 수 있겠느냐고
인고의 시간 감내하고 온
경포대 봄 차밭의 찻잎들 속으로는
하얗고 순한 차꽃들이 벙글고 있다

사람살이의 나뭇잎 같은 시간들 속으로도
경포대 차꽃은 참다울 것만 같다
잘 참고 견디고 온 내력들일수록
생의 찻잔에 고이는 향기도 맑을 것이다

숲

감정이 살아나기에 좋은
감정을 숨기기에 좋은
감정이 물들기에 좋은
감정이 흔들리기에 좋은
감정을 가라앉히기에 좋은

함께 무성한 잎새 만들면서
함께 무성한 그늘 만들면서
길목부터 걷기 좋았던
숲이라는 말

감정이 쉬어가기에
좋은
숲이라는 표정

가을

신발이 낡은 사람들
머리숱이 걱정되는 사람들
고생 끝에 낙이 찾아온 사람들
십자가를 바라보는 사람들
별로 남아 있지 않은 가로수의 이파리들

살구와 음주 단속

살구나무에 살구꽃이 피었네
살구꽃이 지고 나니 살구들이 열렸네
어제보다 오늘 아침에 더 더 더 더 열렸네

운전석의 유리창을 한참이나 내려주고
더 더 더 더 불어주다가
하필이면 그 생각이 떠올라서
살구꽃처럼 하얗게 미소 지어 보았네

더 더 더 더 불어주고 말았네

겨울 아침

방문을 열고 나서 한참 동안이나 말이 나오지 않았던 것은 누군가 너무 커다랗고 하얀 낙엽 한 장을 펼쳐놓고 가버렸기 때문이다 인디언들의 말을 빌려 표현하자면 하느님이 흘린 손수건 같은 겨울 아침

고모

엄마들에겐 고모 이야기가 있다 요즘 아이들에겐 고모 존이라고 일러 주어도 될 만한, 엄마들이 시집올 때 고모들은 열 살도 안 되어 코를 닦고 머릴 감겨서 한참을 길러야 한다

그러다가 고모들이 성년이 되면 오이꼭지처럼 쓰디쓴 고모 노릇을 시작한 고모가 완성되기 시작한다

기둥뿌리 하나 뽑아내어 시집을 보내고 나면 어쩌다 오는 친정집에서 고모는 벅찬 고모를 드러내곤 한다

엄마는 할미꽃 되고 고모는 접시꽃 되면 달무리진 여름밤에 고모와 엄마는 나란히 마루에 앉거나 선다

어느 봄날 뒤에 할미꽃이 지면 고모는 와서 서럽게 운다 자신의 가슴에도 살고 있는 매운 시누이 펼쳐놓고 당신도 마침내 서러운 여자 되어서 운다

미역의 날들

귀를 따낸다는 것

더 이상 들리지 않게 하겠다는 것
들렸던 날들을 잊으라고 한다는 것

미역에게 저지르고 왔던
지난날들이었다는 것

당신

당신에게서는 방울토마토들이 자란다 우체국 빨간 택배 차량들이 굵은 땀방울들을 나른다 당신의 기쁜 일들을 너에게로 보내주려고 층층이 옮겨 싣는다

당신의 일은 언제나 기른 것들은 너에게 주고 힘겨운 것들은 당신에게 남긴다

당신의 가슴에는 작은 강줄기가 흘러간다 물새들이 가끔 당신의 품에 내려와 앉는다

당신에게서 제일 큰 어른이 떠나가신 날이면 당신의 강둑 위를 걸어 사람들이 모인다

우체국이 없다

면 단위의 우체국들을 단계적으로 문 닫게 하고 우체국 마당에는 썰렁한 현금 인출기나 두어 대 남겨놓을 거라는 뉴스를 듣는 아침이다

왜 작은 것들에게만 힘이 없는 것들만 골라내 호박에 말뚝을 박는 것인지

썩은 것들과 병든 것들부터 치울 생각은 하지 않고 그리운 것들에게로만 뿌리 깊은 것들에게로만 칼을 겨누는 것일까 그런 생각이 들었다

가을이 와도 우체국 앞으로 노오란 낙엽 한 잎 떨어지게 하는 일 자꾸만 지우려고 하는지

도착하기 전에

어릴 땐
꽃에게도 샘이 있다는 말로
알아들었다

사랑이 오기 전에
도요새가 도착하기 전에

나의 마음이 당신에게로
문을 열기 전에

바로
그 직전에

한참의 망설임과
뒤채임이 지나가야 했더라는

꽃샘이라던
아름다운 말을

세랑지 매화길

칠구재 넘어 세랑지 가는 길에

양산을 머리 위에 활짝 펴든

여자들이 서 있다

시선을 주는 사람들 마다마다

미소를 나누어 준다

뽑혀서 나온 도우미들 같았다

가까운 곳에

봄의 행사장이 한창 무르익고 있었나 보다

*화순군 도곡면에 자리한 아름다운 호수의 이름

약속

약속은 물을 뿌려도 더 이상 자라지 않습니다

내가 들려준 말이어서
잊었다는 말은 거짓말입니다

누가 대신 해준 말이
아니기 때문입니다

방금 거울에서 나온 내가
벨트를 조이고 신발을 바꾸어 신고
입술을 매만진 다음에
승용차의 운전석을 향하여 걸어갑니다
약속했던 장소에 가기 위해서죠

부디 당신도 나처럼 똑같이 나와서
비슷한 시간에 만나기를 바라는 마음입니다

처음 약속은 더욱 설레기도 하여서
시간보다 먼저 도착할 때도 있지만

돌아서 가게 되더라도
아는 길로 그렇게 갈 겁니다

장미를 심어놓고 갔다

아침을 기다리지 않아도 아침이 왔다
장미가 심어진 뒤로부터 생겨난 일이다

장미는 느리게 자란다
장미는 이름이 길어서 느리게 자란다

느리게 자라는 것들은
자신이 가장 커져 있을 때의 모습을
이미 알고 있을지도 모른다

어느 날 아침에
장미는 내게 갑자기 발각되어서

그날부터는
아침을 기다리지 않아도 아침이 온다

누군가 장미를 심어 놓고 장미를 시치미 떼었으나
장미는 자라서 장미꽃을 피운다

언젠가 내가 아무도 몰래 무언가를 심어 놓고 온 자리에서는
장미꽃처럼 그렇게 무언가가 자라서 꽃을 피운다

너희들은 왜 신항新港에 와 있는가

장미꽃들은 어디에서 져버렸는가. 새들과 나비들은 어디로 날아가 버렸는가. 새들과 나비와 장미꽃들의 이전은 새들과 나비와 장미꽃들의 이후로 한꺼번에 바뀌어 버렸는가. 목에서는 왜 용서라는 말이 넘어오지 않는가. 별들은 저녁이 와도 반짝이지 않는가. 우리들은 왜 시화전을 이어가야 하는가. 시화전은 왜 힘이 없는가. 새들과 나비와 장미꽃을 담아내지 못하고야 마는가.

우리들은 신항에 와서 서로를 바라보다가 돌아서야만 하는가.

*목포 신항에는 바닷속에서 끌어올린 세월호가 있다.

시간의 진실

빗방울이 조금씩 새는
지붕 아래를 지나갈 때
어떤 사람은 떨어지는 빗방울을
이마에 맞고
어떤 사람은 빗방울이 고이는 동안
무심히 지나간다

같은 장소에
빗방울이 떨어지는 시간과
빗방울이 모이는 시간이
공존하고 있다

모든 시간의 진실은
나에게만 배정된
절대의 시간이라는

누구나 자신에게만 배정된
시간을 살다가 가야 하는
시간의 진실이 자리잡고 있었다

3부

새벽은 벽이 아니다

착각을 하지 않기 위한 레시피

시계는 제 시간을
착각하지 않기 위하여

하루 종일 똑같은
소리를

그 사이, 오후가 온다

창문을 고쳐 놓았으니 이젠 마음대로 열고 닫아도 된다

올봄에는 반드시 만나고 싶은 친구가 있다

어머니가 봉선화처럼 고왔다는 시를 쓴 사람이 있다

포장 없는 오솔길을 조용히 걸었다

비가 내리는 반대 방향

한 추어탕 집 안에서 부부가 언성을 높이는 중이었다

추어탕 안에는 미꾸라지가 한 마리도 보이지 않았는데
삶은 고등어 살을 좀 섞었을 거라고
남자가 말을 먼저 꺼내들었던 것이다

없는 미꾸라지 타령보다는 비가 내리는 반대방향을
아직 잊지 않고 있느냐고 여자가 남자의 말을 잘랐으므로
둘 사이의 목소리가 거칠어지기 시작하였다

여자가 물었던 말은 대학생 시절 그녀가 대자보에 쓴 시의 제목이었고
비가 내리는 반대 방향에서 그녀에게로 우산처럼 검은 찦차가 온 적이 있었다

운동권 부부들이 가끔 이 추어탕집 안에서 사라진 미꾸라지들을 향해
추어탕 그릇 속으로 화염병 불꽃같은 언성을 던져 주었다

식성들이 변하여 이즈음의 추어탕 안에는 미꾸라지들이
보이지 않고
가끔 체에 걸러지지 않은 등뼈 조각이 이빨에 씹히는 일들이 있었다

창밖으로 바라보이던 캠퍼스 건물처럼 추어탕집도 추어탕집의 간판도
간신히 언성을 가라앉힌 부부처럼 낡아 있었다

그래도 간다

어느 시인이 밤늦게
시를 쓰다가

오래된 컴퓨터의
복사키를 누르다가

자기도 모르게
흥얼거렸던 노래

별이 뜨면 같이 웃자던
별이 지면 같이 울자던

문제작 한 편은커녕
방울새 소리도 쩔렁거려 보지 못했는데

그래도 봄날은 간다

기차는 저 혼자서

기차가 움직이기 시작하자 겨드랑이가 가려워지기 시작한다 밤을 건너야 하는 후천성 열감에선 대륙풍의 전조가 일었다

맨 처음으로 경험해야 하는 일들이 아직도 얼마나 많이 남아있을까 그곳으로 가는 막 기차에 몸을 실었던 처음이 바퀴의 소음 속으로 멀어지고 있다 지루하고 신선한 풍경이 지나갈 것 같다

목포행 막차에서는

경치들, 저마다 자기의 이름을 갖는 걸 좋아한다

바퀴가 목포에 닿으면 이곳에서의 일들이 지나간 일이 되어 떠나간다 보살피지 않아도 기차는 제 자리를 지켜나간다 나는 그 시간들을 다 바라보지 못하고 창에 기대어 잠이 들고 말았다

기차는 그 사이에 저 혼자서 목포에 닿았다

대안代案

처음에 대안이 없다고 하던 그는
결국 대안 밖에 없다는 대안을 제시했다
알고 보니 대안을 숨겨놓고
대안을 권고하는 수순 같아 보였다
잔뜩 긴장했던 손끝을 말아 쥐고 있었는데
오히려 대안으로 인해
대안을 선택하는 일에 신경을 쏟게 되었다

선물 상자 안에 들어있는
유사한 내용물의 포장들같이
대안은 차곡차곡 진열되어 있었다
어떤 대안은 내게 약간은 불리한 데가 있었고
따져보니 모든 대안은 나에게 불리했다
대안에게 자신을 떠넘기고 난 뒤에
점잖은 모습으로 자리에서 일어섰다

그때부터 대안은
나 혼자 상대해야 하는 파트너가 되었다

종점

기차를 타고 오다보면
나는 항상 종점에서 내린다
내가 내리는 곳은
반드시 종점이 기다리고 있었다
내가 타고 온 기차의 종점도
기차가 그의 기차에서
기차를 멈추는 곳일 것 같았다
종점은 그렇게 가장 확실한 도착지였다

내가 살고 있는 작은 도시가
깊은 어두움 속에 잠겨있을 때
오늘의 가장 먼 곳에서 종점에 다다랐다
출발지에서 여기까지 도착한 사실에
나는 우선 안도한다

흔들거렸던 기차의 손잡이마다에는
종점을 향해가는 시간의 흉터들이 매달려 있었다

언젠가 나는 내 생의 마지막의 종점에서도
오늘처럼 혼자서 잘 내려서고 싶었다

국수와 소녀

어릴 때 시장에서 국수를 사러온 남자를 본 적이 있었다 모자를 눌러 쓴 남자는 눈빛이 슬퍼 보였다

저울에 국수를 달아 신문지에 싸던 국수가게 아주머니는 남자가 시장을 보러 나온 걸 모처럼 본다며 시장바구니 안을 들여다보았다

뒤에 서 있던 여자아이가 신경에 쓰였는지 남자는 국수를 사러 나온 까닭에 대하여 들려주지 않았다

국수를 담은 남자의 시장바구니가 사라져 갔다 시장 골목을 한참이나 어슬렁거렸던 늑장 덕분에 여자아이의 어깨가 빗물에 젖고 말았다

감기가 길어져 의원에 업혀 가던 날까지 남자의 국수에 대한 궁금증이 빗발처럼 굵어지는 것 같기도 하였다

여자아이의 시간이 국수처럼 길어져서 머리칼이 기다란 소녀가 되었다

외관의 날들

세모뿔 모양의 가방을 든 여자가 지나갔다
처음 보는 디자인에 주목하는 게
이곳의 버릇이 되어갔다
무엇으로부터 비슷해지는 방해를 받는다는 생각이 들면
외관부터 바꾸어야 하는 기갈에 걸린 날들
우리는 모두 넘쳐나는 시대의 소비자라는 생각으로
내용이 사라지고 없는 외관만이 번식하였다
쓸 만한 것들은 이미 다 팔리고 남아있지 않다고
화를 내거나 원통해 하는 이들도 있다
실용성은 더 이상 따지지 않아도 되어서
고층의 빌딩들은 큰 바람에는 흔들릴게 분명하고
하루 종일 닫혀있는 창밖으론
벙어리 새들만 날아간다
한때는 동그라미였던 접시들의 자리를
세모들이 차지하였다
저 외관도 곧 누군가의 힘에게 밀려 쫓겨날 것이라는 걸
외관의 날들도 이미 눈치를 채고 있었다

오전 아홉 시

아홉 시를 기다리는 사람들이 있다

건물의 셔터가 올라가고

저 세상처럼 높은 문턱이 개방되면

그들은 문을 밀고 안으로 들어선다

흡사 건맨들 같은 동작으로

집안에 총알을 쌓아놓고 사는 이들은

오전 9시를 상관하지 않는다

번호표를 뽑아 들지 않는다

의자에 앉아 차례를 기다리는 총잡이들이

가방에서 꺼낸 서류들을 챙겨 들고

오전 9시의 방 앞으로 다가가

무릎을 붙이고 공손하게 앉는다

묻는 대로 답을 하고 필요한 액수를 서류에

과녁 같은 심사서류에 발사시킨다

TV

위험하고 날카로운 말들이 저녁의 인파처럼 바글거린다 공장만큼이나 바쁘게 돌아가고 있다 저 혼자서도 폭삭 꺼지는 도로를 다른 나라 말로 구시렁거리기도 한다 씽크홀이라나

콩나물을 사러 나간 소녀가 달력이 여러 장이나 바뀌었어도 돌아오지 않은 사건이 흘러나오고 변비약 광고가 차례를 기다렸다 하루가 더 상쾌 유쾌해질 거라는 예언을 한다

상쾌하고 유쾌해질 하루를 앞에 두고 소녀는 어디로 사라져 버렸을까 이래저래 국민의 알 권리 시간이 정신없이 지나가고 나면

요즘 들어 인기가 절정에 오른 여자 배우는 좋아서 사는 줄 아느냐고 귀찮아서 이혼하지 않다는 야무진 대사를 치고 방문을 소리 나게 닫은 뒤에 화면 속에서 사라진다

일주일 내내 기다린다 여자가 들려줄 다음 회의 톱날에 목을 매고서

노을 앞에서

상처는 수많은 세모와

네모들이 만나서

서로의 각으로

상대방을 찔러 대다가

모서리에 맺혀진

흠집들입니다

상처는 지나간 뒤에

원圓이 찾아오는

길목입니다

꿈속의 법정

방청객들도 관리들도 모두 평상복 차림이다
재판을 받는 피고인의 인상은 세탁소 아저씨처럼 선량하다
〈여기는 분쟁을 해소하는 장소입니다〉
단상의 고딕 글자는 상점의 간판처럼 싱거웠다

재판장은 술을 즐겨 마시는지 딸기코 아저씨다
그러나 그의 목소리는 단호한 힘이 들어 있었다

이 사건은 크게 중대한 사안은 아니지만 쉽게 넘어갈 사건은 아닌 것 같으니 관계자들은 각별히 신경을 써야 합니다
장면이 바뀐다
사건의 내용을 조사한 결과 피고의 국가는 물론 그의 이웃들의 책임이 있음을 인지하였다

재판장은 빠르게 판결문을 읽어가는 중이다

피고인의 가난과 허기를 주위에서 장기적으로 방치하였으므로 다음과 같이 판결한다 국가와 해당 기관에서는 피고인의 생존권에 부합하는 생필품을 지속적으로 지급

해야 할 것이다 피고인 역시 국가의 도움으로 원만한 생계의 보장이 이루어질 것이므로 매년 일백 건에 해당하는 사회봉사 활동을 명하기로 한다

꿈속의 법정이었다 딸기코 아저씨의 우렁찬 목소리가 한동안 귓가에 맴돌고 있었다

밤 열두 시

하루를 다 걸어서 왔으므로
양들이 우리 안에서
순한 양으로 변해 간다

하루 종일 기다렸던 일들은
끝내 오지 않을 수 있다

약한 소녀나 아직 어린 영혼이
머리말에 유서를 써놓기는
너무 알맞거나 너무
늦어버린 시간 같을 때도

얼른얼른 제목을 챙겨보는
시를 쓰는 게 정신 건강에
더 나을 것 같기도 하는
밤 열두 시

지금은 가장

어두운 시작詩作이다

봄에서 겨울까지

- 인생

당신은 키가 클 수도 있고 작을 수도 있다 만나줄 때도 있고 안 만나 줄 때도 있다 솜씨가 그럭저럭일 때가 많고 싱거울 때도 있다 웃고 운다 속인다 언젠가는 오히려 골탕을 먹인 적도 있다

할 말이 막히면 이상한 말로 얼버무리기도 한다 안개가 낀 밤에 입에서 와인 냄새가 풍길 때도 있다 당신은 나와 가장 친하지만 속으로는 지리산 골짜기 같은 데에 떼어 놓고 오고 싶은 날이 한 두 번이 아니다 그래도 함께 다녀야 한다

버스와 인생

모통이를 돌다가
넘어지기도 한다

눈비가 내리던 날
우당탕 언덕 아래로
미끄러졌던 적도 있다

더 달려야 할 일
사소해진 때가 되면

안 가고 서있는 모습도
보인다

자전거 타기

자전거 타기를 처음 배울 때가 가끔 생각난다

자전거가 기우는 쪽으로 핸들을 기울이라는 그 말 때문에 그렇다 처음엔 절대로 알아들을 수 없는 말이었다

쓰러지는 쪽으로 더욱 쓰러지라는 뜻이어서 본능적으로 핸들을 반대쪽으로 기울이면 자전거는 여지없이 땅바닥에 엎어지고 말았다

기울기를 기울기로 이겨내는 방법을 불행을 불행으로 밀고 나가는 방식을 그때는 알아듣지 못했다

쓰러지는 쪽으로 쓰러지면서도 결코 쓰러지지 않는 법을 이해하는 일에서 자전거는 반듯하게 일어서고 있었다

상처

어느 눈이 많이 내린
아침에
밖에 나가 마당을 쓰는데

누군가 와서 밟고 지나갔던
발자국이 찍힌
자리는

한참이나 비질을 해도
깔끔하게 쓸어지지 않았다

황금빛 등불을 사리

겨울밤 길거리에서 황금을 사리

혼자서 해결할 수 없을 것 같은 일들이
등에 업혀서 따라온 날에 사리

봉지를 건네며 나보다 더 추운 얼굴을 하고 있었던
노인의 곁에서 사리

나 혼자서만 실패했거나 버림받았다는
느낌이 드는 날에도 사리

마침내 황금빛 등불을 사리

색깔

살아가다 보면 몇 번쯤
땀범벅이 되어야 한다

누군가를 이해하기 위해
소비했던 시간의
한때를 만나야 했던 적이 있었다

예전의 슬픔에 둔감해지기 시작하면서
생의 굴곡들이 깊어가기도 하였다

누군가와 함께 식탁에 앉게 되는 일은
즐거운 일이 될 수도 있었지만

어쩌다 가슴 속에 숨겨 두었던
통증 하나를 들키게 될지도 모른다는
조바심이 들 때도 있었다

처음 듣는 생선의 이름에서
비린내의 색깔을 찾기라도 하려는 듯이
짐짓 집중하여 보는 척하기도 한다

타인에게서 좀 멀찍이 떨어져 앉는 방식을
비린내의 색깔을 궁리해 보는 표정으로
바꾸어 표현할 때도 있었다

아가

코끼리 독수리 비단뱀
검사 판사 국회의원 대통령

복부비만 탈모 관절염
기침 두통 가려움

욕심 질투 배반

어른들이 모여 앉아
이런 이름들에게 열중하고 있을 때

방바닥에 무릎을 대고
기어서 오는

아가

새벽은 벽이 아니야

하루의 벽들을 허문다
공구를 챙긴 봉구 아버지와
바퀴가 아직 동그란 원 영감 리어카는
골목의 절반 이상을 빠져나갔다

약수를 뜨러 가는 문 씨 할아버지 부부는
오늘이 이천 번째 물 뜨기 날이라며
저녁에 기념 외식을 나갈 거라 하였다

새벽은 하루의 벽이었지만
그 벽을 허무는 사람들에겐 벽이 아니었다

시의 무사들

잘 갈무리된
시의 얼굴 언저리에는
깔끔하게 지나간
칼자국 같은 게 그어져 있어야 한다고
취기가 오른 노 시인은 목소리를 높였다

그때부터 나는 시가 더욱
무서워지는 것 같아서
한동안 시의 곁으로
다가서기 힘든 시간을 지냈다

자세히 살펴보니 허리춤에 칼을 차고
헝클어진 머리카락을 바람에 휘날리며
시를 베러 떠나가는
무사 같은 시인들이
눈에 뜨이기 시작하였다

축구

축구가 세상을 바꾸어 주지는 못할지라도 축구는 땀을 흘리며 뛰어다니고는 하였지요 주심들은 주머니 속에 은행잎보다 빳빳한 노란카드를 간직하며 있었고요 누구라도 신사답지 못할 때에는 축구에서 쫓겨날 수 있다고 일러주기도 했어요

뒤지고 있더라도 막판엔 얼마든지 뒤집을 수도 있었지요 이긴 팀의 선수들이 운동장에 누워 엎어지고 뒹굴면서 시간을 넘기려고 해도 정해진 시간이 줄어들 수는 없었지요 중요한 시합일수록 연장전이 기다리고 있었고 연장전보다 더 눈부신 승부차기가 남아 있었지요 둥글고도 자유로운 축구공이 있었고요

시를 기다리는 여자

별을 세는 여자
강둑을 걸어가는 여자
메밀꽃을 피우는 여자
사랑을 기다리던 여자
기다림을 포기할까 생각하는 여자

눈이 큰 여자
자꾸만 먼 데가 제 안으로
들어오는 여자

바람의 말

나로 인해 계절들이 내 앞에서 옷을 갈아입고는 했어

길고양이를 돌보는 노인이 살고 있는 대부분의 골목 입구를 나는 알고 있지

지난 여름밤처럼 나의 춤이 거칠어질 때도 있었지만
소중했던 무언가를 잃어버리고 돌아선 다음날의 심술이었을지 모르지

큰 새들 뒤를 작은 새들이 따라가는 모습을 나는 사랑하지
그렇게 세상의 먼 데까지 가는 일은 위험천만한 짓이어도

우리들도 어쩌면 허공에서 태어났던 거야

바람이라고 불러주어도 괜찮아 사람들의 운명도 어차피 바람이야

분수噴水는 온다

오죽하면 하늘로 물꽃이 피어오를까
지난겨울은 너무 추웠다
광장의 분수대는 걸어 잠겨 있었다
수조에는 적막이 감돌고
앙상한 쇠파이프 골조들만
고분 속의 뼈처럼 누워 있었다

드디어 분수가 왔다
5월의 광주를 떠올리는
옛 도청 앞의 분수대가 물을 뿜어 올리면
지나가던 사람들은 분수가 돌아왔다고
가던 걸음들을 잠시 멈추었다

분수가 왔다고
분수가 왔다고
아무도 분수를 켰다고 생각하지 않는다

분수가 오듯이
올 것이 올 때
올 것들이 마침내 와서
하늘을 향해 간절한 희구를 쏘아 올릴 때를 향하여

분수는 온다
광주의 옛 도청 앞 분수대를 시작으로
이 세상의 모든 분수대의 꼭대기마다
분수는 온다

바둑은 푸른색

바둑을 잘 모르지만 구경을 해도 재미가 넘친다고 하던데요 인공지능까지 동원되어 해설이 더 즐겁다고 하던데요 생사가 벼랑에 몰리게 되면 두는 사람의 표정들도 볼거리라고 하던데요 어쩌다가 실수를 하게 되면 승부를 망치는 거라고 하던데요 누군가 바둑은 푸른 칼날 같은 푸른색이라고들 하던데요 내 눈에는 아직도 흑과 백만 눈에 비치는 시詩와 같아 보이던데요

오일장

이곳에서 가장 많이 팔리고 사가는 것은 지나간 오일 동안의 이야기들

낙서의 힘

낙서의 시작은
소문이 자라는 화장실 뒷벽으로 불어가는
바람의 뒷걸음질을 따라갔던 시간에서 비롯되었다
다급하게 흘린 머리핀 하나가 발견되었다
자신의 내부에 관심을 갖게 되었던 것도
낙서의 시작에서 시작되었던 감정이었던가
종교와 고향과 가계를 밝히는 일은
낙서의 처음이거나 빌미를 제공할 수 있었다
위험하거나 불편한 일이었다
한 번은 낙서의 희생양을 가까이서 본 적이 있다
뒷모습 교정에 흘려 놓고
그 애가 플라타너스 낙엽을 밟으며 멀어질 때
낙서는 서서히 제 힘을 거두고 남아있지 않았다

갑자기 찾아온 슬픔

전국 노래자랑에 나온 여섯 살 꼬마가 외국에 갔다는 아빠에게 영상편지를 보내다가 "아빠 보고 싶어요"라는 글에서 울음보가 터지고 말았는데

언젠가 우체통이 있는 골목 옆을 지나갈 때와 같은 감정이 순간적으로 찾아올 때가 있어 여섯 살 아이의 편지 내용 같이 그만 눈시울이 뜨거워지던

회화나무 아래에 놓인 나무의자에 앉아 언덕 아래 비탈의 양철지붕들의 오후를 내려다보았던 그런 기억마냥은

겨울 나그네

혼자서 건반악기를 옮기는 중이다 산타의 썰매가 선물을 옮기듯이

그가 연주하는 왈츠의 선율에 실려 하얀 토신을 신고 내려오는 하늘의 무용수들

무대 위에서는 이제 막 클라이맥스에 도달하는 새하얀 겨울바람

성당의 종소리

다시 찾아오겠다고 해놓고

그 뒤로 한 번도 가보지 못한

약속 하나가 떠올라

성당 앞을 지나갈 때 사람들은 듣는다

성당의 종소리를

아버지의 밥

밥 먹을 거처가 있어야 한다
밥벌이 할 직업이 있어야 한다
밥을 나눌 식구가 있어야 한다

세 끼 밥은
꼭 챙겨 먹어야 한다

당신의 세 끼 밥은
잔소리가 바글바글 끓어올랐던
김나고 따뜻한 밥이었다

지구에는 기름이 얼마나 남아 있을까

얼마나 많은 바퀴자국
얼마나 많은 골프채
얼마나 많은 문예지
얼마나 많은 십자가
얼마나 많은 플라스틱
얼마나 많이 날아올 황사

그러니 이제 몇 드럼이나 남아 있어요?

쓰러져 본다는 일

세상은 반대가 존재하고 있어서
지탱되고 있는지도 모른답니다

남쪽의 반대말이 북쪽이 아닐 수도 있지만
밀물의 반대말이 썰물은 아닐 수도 있지만
여름의 반대말이 겨울이 아닐 수도 있지만
별빛의 반대말이 달빛은 아닐 수도 있지만

그러니
쓰러져 본다는 일이
서 있는다는 일의 반대말은 아닐 수도 있지만

어둠이 있어야 밝음이 존재하는 까닭과도 같습니다
바닥을 쳐 보아야 천정이 보인다는 말도 있습니다

누구라도 한 번쯤 쓰러져 보아야만
서 있을 때의 소중함을 떠올려 보게 되는
이치입니다

늦은 밤의 라면

찬장 속에 들어가 너무 딱딱한 자세로
앉아있는 당신
어머, 여기에 계셨나요
나는 일단 호감부터 드러낸다

사실은 그만 참으려는 마음도
없지는 않았다

당신을 만나면 거칠어지는 내 손길에
당신은 한 번도 거부를 하거나 아니라는
표정을 드러내었던 적이 없다

당신은 내게 언제나 만만한 상대

이제 당신과 나만의 은밀한 시간이
끓어 오르고 나면
나는 당신의 국물까지 다 삼키고 나서야
왕비처럼 표정이 흡족해 진다

아, 늦은 밤의 라면!

진눈깨비

엄마 손 잡고 장에 갈 때 진눈깨비가 날렸습니다

가게 앞의 깡통 난로에 장작불이 타오르고 있었습니다

엄마는 그 앞에서 내 젖은 어깨를 말려 줍니다

어른들은 진눈깨비를 뚫고 연신 장으로 몰려듭니다

오늘은 하늘도 화가 났는가 보다고

엄마는 수건을 벗어 내 얼굴을 감싸줍니다

처음엔 무서웠던 진눈깨비도 시간이 지나면서

친구처럼 되어 갑니다

이제 와선 입술이 파래지도록 걱정스러운

날이 찾아오면

엄마와 함께 헤치며 걸었던

진눈깨비 속의 장길을 떠올려 봅니다

하늘이 아무리 화가 나 있더라도

절망도 불행도 뚫고 갈 수 있을 만큼

진눈깨비는 내렸더라는

기억에 매달려 보곤 합니다.

교각橋脚

무슨 대답을 듣고 싶으신 지는

제가 먼저 알고 있어서

잘 지낸다고 전해 드립니다

그렇게 대답 할 줄 미리 알고 계셔서

힘들지야 그렇게 맞받아 주십니다

묻는 말과

대답하는 말이

허공 속에서 서로의 다리를 세워

묻는 말과

대답하는 말 사이로

오가는 교각이 생겨납니다

겨울 나그네

혼자서 건반악기를 옮기는 중이다 산타의 썰매가 선물을 옮기듯이

그가 연주하는 왈츠의 선율에 실려 하얀 토신을 신고 내려오는 하늘의 무용수들

무대 위에서는 이제 막 클라이맥스에 도달하는 새하얀 겨울바람

북두칠성

운주사 칠성바위는

일곱 개가 제 각각

크기가 다릅니다

하늘의 북두칠성을

그대로 옮겨 놓은

형상이라 하는데

믿거나 말거나는

사람들마다 다르겠지요

하지만 우리 엄마는

그대로 믿으실지 모르겠어요

계절에게 바람에게

절기를 배우고 때를 아는

우리 엄마는

북두칠성의 내력 같은 건

이미 훤하지 않으시겠어요

이곳에 와서 다 죽었습니다

어느 시인의 시집 속에

이런 제목의 시가 있었습니다

내용을 차마 읽지 못하고 넘어가고 말았습니다

무서운 내용이 적혀 있을 것 같아서요

어느 아파트 거실에서 키우다가

내다 버려졌을 말라 죽은 화분을 봅니다

한 때는 누군가의 애완 동물이었고

반려견으로 온몸을 쓰다듬어 주었을

로드 킬 당한 작은 것들의 사체를

흘끗거리며 지나쳐가야 하였습니다

이곳에 와서 다 죽었습니다

사람들의 곁으로 와서

다 죽었습니다

새벽 산책길에서 마주친

푸릇한 강아지풀의 머리 위에는

함초롬한 이슬방울이 맺혀 있었습니다

커피잔 속의 인어

혼자 마시는 모닝커피 잔 속에는
인어가 산다

숙제 해 놓은 걸 깜박했던 가방 속에서도
내 어린 날을 함께 살았던 인어는
손바닥을 맞고 들어온 의자에
손수건을 깔아 주었다

세월이 금새 흐르고
인어의 바다에도 노을이 물들기 시작하자

우리는 어느 저녁의 카페에
단 둘이 앉아

그날의 손수건 한 장을
내 핸드백 속에서 다시 꺼내어

이번에는
너의 젖은 눈꺼풀 위에
몰래 숨겨 놓았던 나만의
비밀한 노랫가락 한 음절을

가만히 들려주고 싶었다

인어와 나는 그렇게
저녁의 바닷가 쪽으로 걸어가기
시작하였다.

꽃부채

꽃부채를 선물 받은 날

나는 그녀에게 꽃 빚을 지고 말았다.

| 작품론 |

휴머니즘 탐구와 언어미학의 시학

- 김숙희 시집 『너무 한꺼번에 날아온 오후』

강 경 호
(시인, 한국문인협회 평론분과회장)

1.

서정시는 시인이 살아온 삶의 총체성을 통허 시적 자아를 형상화시킨다. 그러므로 시대의 보편적 가치를 자신만의 방식으로 노래한다. 현실은 늘 모순과 부조리 등의 그늘이 있기 마련이고, 시인 역시 불화와 결핍이 있기 마련이다. 시인은 자신의 결핍을 통해 삶의 원리와 실존방식을 객관화시키며 현실의 그늘을 드러내어 보다 나은 세계를 지향한다.

김숙희 시인이 그간 펴낸 세권의 시집에서 가장 많은 부분을 차지한 시적 경향은 삶을 관조하고 자신만의 삶의 방식을 펼쳐 왔다. 시인과 시인을 둘러싼 세계에서 만난 시적 순간들이 시인의 이야기이면서 우리 모두의 이야기이다. 그리고 시인의 사유가 독자들의 사유이기도 하다.

그 새는 평생을 바람과 싸우다가 지상에 추락한 흔적을 날개의 무늬에 새겨 놓았다

시인 박 아무개 선생은 정읍의 한 초옥에서 일천 병의 술병과 일천 편의 시를 남기고 전설이 되었다는 전설이 있었다

보고서의 말미에 시인의 영혼은 붉은 새가 되어 하늘을 날아다닐지 모른다는 후기를 남기고 싶은 마음이 들었다

-「새에 관한 보고서」 전문

이 작품의 모티브는 이른바 '한수산 필화사건'에 연루되어 모진 고문으로 억울하게 살다 간 박정만 시인의 비극적인 삶과 관련이 있다. '그'로 지칭되는 시적대상이 "평생을 바람과 싸우다가 지상에 추락한" 후 "붉은 새가 되어 하늘을 날아다닐"지도 모른다고 생각한다. 박정만 시인은 아무런 영문도 모른 채 남영동에 끌려가 죄를 뒤집어 씌운 그들에게 온갖 고문을 당한 후 후유증으로 고생을 하였다. 남영동에서 풀려나 그의 고향 정읍의 한 초옥에서 날마다 소주를 마시며 비몽사몽간에 수많은 시를 썼다. 마지막 시편 「종시終詩」에서 "나는 사라진다/저 광활한 우주 속으로"를 남기고 젊은 나이에 세상을 떴다.

이러한 배경을 통해 김숙희 시인은 박정만 시인의 지난한 삶을 노래하고 인간의 삶과 죽음에 대한 메시지를 남기고자 한다. 우선 박정만 시인을 '그 새'로 호명하는 화자는 '바람'이라는 객관적 상관물에 '시인 박 아무개'

를 '새'로 환치시킨다. '새'는 '날개'를 지녔고 '하늘을 날아다'니기 때문에 '박 아무개'는 "바람과 싸우다가 지상에 추락"하였다고 진술하는데, '새'의 생태적 특징과 성격을 서정시의 특질인 유사성으로 형상화시켰다. 이 시의 미덕은 한 '박 아무개'의 삶과 죽음을 새의 생사로 바라보는 시선의 참신함이다. 그러므로 화자는 한 마리의 새의 생사과정을 지켜보며 보고서 형식이 바로 이 시라는 인식은 독특하다. 특히 '박 아무개'인 박정만 시인이 "일천 병의 술병과 일천 편의 시를 남"긴 것을 '전설'이라고 말함으로써 박정한 시인의 삶의 의미를 되새기고 있음이 이 작품의 메시지라고 할 수 있다.

특정 시인이 아니더라도 누군가의 비극적인 삶을 비극성에만 묶어두지 않고 지난한 삶이지만 가치있는 삶으로 승화되었다는 메시지가 우리에게 어떻게 살 것인가를 질문하고 있다. 그런 까닭에 화자는 "보고서 말미에 시인의 영혼은 붉은 새가 되어 하늘을 날아다닐지 모른다는 후기를 남기고 싶은 마음이 들었다"고 여기는 것이다.

「고양이는 두부 한 모를 사들고」에서는 화자의 자아가 세계를 감싸 안으려는 모습을 그려내며 서정시의 본질인 동일성을 지향함으로써 치열한 삶의 현장모습을 생생하게 보여준다.

> 비가 내릴 것 같은 저녁 어스름
> 고양이 한 마리가 두부 한 모를 사들고
> 골목을 돌아가고 있다

처음엔 고양이도 두부를 먹나 생각했다가
고양이도 두부를 먹을 수 있겠구나 생각했다가
고양이가 두부를 살 수 있을까 하는 데까지
그 생각이 따라가게 되었다

실은 내가 오래 다니는 동네 가게에서
두부 한 모를 사들고 나오다가
잽싸게 골목 속으로 사라지는
길고양이 한 마리를 보고
얘야, 너도 두부 사러 나왔니
말을 붙여보다가

정말로 고양이 손에 두부를 건네주고 싶다가
이렇게 저렇게 헝클어진 생각들이
두서없이 나열되던 시간이었다

고양이는 이미 어디론가 사라지고 없어서
할 수 없이 나는 고양이 같은 표정으로
일부러 내 얼굴을 바꾸어보다가

고양이 한 마리가
두부 한 모를 사들고 골목길을 돌아
집으로 가는 중이라고 말해 버렸다

-「고양이는 두부 한 모를 사들고」 전문

고독한 인간의 실존을 잘 형상화하고 있다. 화자가 두부 한 모를 사들고 집으로 돌아가다가 골목에서 사라지는 고양이와 서로 눈을 마주친 순간을 시로 형상화한 이 작품은, 고양이를 인간처럼 외로운 내면에 간직한 영혼의 허기를 지닌 존재로 인식하고 있다. "얘야, 너도 두부사러 나왔니"라고 화자가 고양이에게 말을 붙여보려 함으로써 화자, 즉 인간과 고양이와의 거리를 좁혀가려는 시도를 하고 있다. 그러자 일순간 골목에서 사라진 고양이와 같은 표정으로 "일부러 내 얼굴을 바꾸어보"는 대목에 이르러서는 인간과 고양이의 동일성을 추구하고 있다.

"고양이 한 마리가/두부 한 모를 사들고 골목길을 돌아/집으로 가는 중이라고 말해 버렸다"에서 보듯 늘 인간의 주변에서 배회하며 생명을 이어가는 고양이를 의인화시킴으로써 고양이를 인간과 다름없는 존재로 바라보는 화자의 세계관을 짐작할 수 있다. 인간 또한 고양이처럼 외롭고 쓸쓸한 생의 골목을 배회하는 생명체로 인식하는 태도로 근원적으로 모든 생명이 지닌 생명성과 숙명을 모색하고 있다.

이밖에 인간의 삶을 노래한 시편으로 「버스와 인생」에서 넘어지고 미끄러지는 것은 버스 뿐만 아니라 인간도 그러하다고 삶의 이치를 파헤친다. 인간과 버스는 길을 간다는 측면에서 노정에 있는 존재들이다. 때로는 "더 달려야 할 일"이지만 "사소해진 때가 되면//안 가고 서 있는 모습도" 닮았다. 그렇지만 인간이나 버스는 자신의 길을 최선을 다해 가는 것이라는 본질을 천착하고 있다.

「쓰러져 본다는 일」 또한 위의 작품 「버스와 인생」과

같은 맥락에서 이해할 수 있다. '쓰러짐'을 좌절과 절망으로만 여기지 않고 그것을 바탕으로 다시 일어서는 것이 인생이라 것을 말하는 것이다. 그러므로 화자는 "바닥을 쳐 보아야 천정이 보인다"고 말할 수 있음인데, 이러한 시인의 인식태도는 서정시의 본질에 다가서는 것이다.

「황금빛 등불을 사리」는 절망을 극복하고 희망에 이르고자 하는 시인의 의지가 돋보이는 작품이다. 살다보면 "혼자서 해결할 수 없을 것 같은 일들"이 일어난다. 그러나 화자보다 더 추운 얼굴을 한 노인이 내미는 봉지를 바라보며, "나 혼자서만 실패했거나 버림받았다는/느낌"을 버리고 "마침내 황금빛 등불을" 밝힐 수 있는 것이 인간의 삶이라는 메시지를 읽게 한다.

「노을 앞에서」에서도 '세모'와 '네모'로 의미화한 모서리들이 "상대방을 찔러" 상처를 주지만 마침내 둥그런 원圓이 되어 원만한 존재로 성장할 수 있음을 깨닫게 하고 있다.

「봄에서 겨울까지」는 부제를 '인생'이라고 달았다. 우리나라는 사계절이 뚜렷한 지리적 환경을 가졌다. 그렇다고 이 작품은 봄 · 여름 · 가을 · 겨울의 춘하추동을 단순한 계절의 변화만을 말하지 않는다. 세상의 모든 이치가 춘하추동, 즉 기승전결의 이치로 작동하는 것을 이 작품은 메시지로 담고 있다. "당신은 키가 클 수도 있고 작을 수도 있고 안 만나 줄 때도 있"다. "할 말이 막히면 이상한 말로 얼버무리기도 한다" 그래서 "지리산 골짜기 같은 데에 떼어놓고 오고 싶은 날"도 있지만 "그래도 함께 다녀야 한다"는 인식에 이르게 되어 처음부터 끝까지 동행하는 것이 인생임을 전해주고 있다.

2.

현대자본문명은 욕망의 힘으로 움직이는 시대이다. 그 근간을 이루고 있는 자본주의는 속도와 석유로 작동되며 온갖 모순과 부조리가 횡행하는 사회이다. 자동차뿐만 아니라 온갖 기제들이 석유의 힘으로 움직여지고, '보다 빨리'라는 구호처럼 경쟁력을 얻기 위해 모든 것이 속도를 내고 있다. 속도는 곧 자본과 관련되며 자본은 욕망을 에너지로 작동된다. 그러다보니 근대정신의 핵심인 '인문주의'는 퇴색되고 인간과 자연은 자본주의를 가동하는 연료로 소진될 뿐이다. 이러한 자본주의의 그늘엔 사물화 된 인간의 모습과 이로 인해 상처진 계층이 중심으르부터 소외되고 있는 현실이다.

이러한 현상을 정확히 직시하고 있는 김숙희 시인은 우리 사회 곳곳에서 횡행하고 곰팡이처럼 번져있는 인간의 욕망을 비판적인 시선으로 바라보며 반성과 성찰의 언어를 통해 깨달음의 메시지를 던지고 있다.

찬장 속에 들어가 너무 딱딱한 자세로
앉아있는 당신
어머, 여기에 계셨나요
나는 일단 호감부터 드러낸다

사실은 그만 참으려는 마음도

없지는 않았다

당신을 만나면 거칠어지는 내 손길에
당신은 한 번도 거부를 하거나 아니라는
표정을 드러내었던 적이 없다

당신은 내게 언제나 만만한 상대

이제 당신과 나만의 은밀한 시간이
끓어 오르고 나면
나는 당신의 국물까지 다 삼키고 나서야
왕비처럼 표정이 흡족해 진다

아, 늦은 밤의 라면!

-「늦은 밤의 라면」 전문

'라면'이라는 식료품은 양면성을 지니고 있다. 소시민들이 값싸게 언제든지 먹을 수 있는 간편음식이어서 누구나 쉽게 접근할 수 있다는 긍정적인 측면과 야식으로 먹을 수 있어 풍요로운 현대를 상징하면서 비만과 각종 질병의 요인이 되고 있다는 부정적인 측면이 그것이다.

화자는 라면을 '당신'이라고 호칭하며 의인화하고 있다. 한 끼 식사거나 간식의 대용인 라면이 지닌 가치와 간편성에 대해 인정하고 있다. 비록 "찬장 속에 들어가 너무 딱딱한 자세로/앉아있는 당신"이지만 라면을 하나의 식품으로 인식하기 때문에 화자는 "어머, 여기에 계셨나요" 하면서 반긴다. 그러므로 출출한 허기를 채워줄

대상으로 바라보며 "나는 일단 호감부터 드러낸다" "그만 참으려는 마음도/없지는 않았"지만 욕망을 채우기 위해 국물까지 모두 마셔버린다. "당신은 내게 언제나 만만한 상대"라는 화자의 진술은 라면이 화자에게 보여준 태도가 아니라 실은 화자의 식욕을 작동하는 내적 심리일 뿐이다. 늦은 밤에 라면을 먹고 난 뒤의 포단감은 "왕비처럼 표정이 흡족해 진다"에서 보듯 주체할 수 없는 욕망을 어쩌지 못하고 살아가는 현대인들의 삶의 단면을 극명하게 보여주면서 욕망이 일상과 함께 하고 있음을 말해준다.

앞의 작품은 현대인의 일상에서 쉽게 만나는 욕망의 모습이라면 「외관의 날들」은 욕망의 본질을 근본적으로 탐색하고 있다.

> 세모뿔 모양의 가방을 든 여자가 지나갔다
> 처음 보는 디자인에 주목하는 게
> 이곳의 버릇이 되어갔다
> 무엇으로부터 비슷해지는 방해를 받는다는 생각이 들면
> 외관부터 바꾸어야 하는 기갈에 걸린 날들
> 우리는 모두 넘쳐나는 시대의 소비자라는 생각으로
> 내용이 사라지고 없는 외관만이 번식하였다
> 쓸 만한 것들은 이미 다 팔리고 남아있지 않다고
> 화를 내거나 원통해 하는 이들도 있다
> 실용성은 더 이상 따지지 않아도 되어서
> 고층의 빌딩들은 큰 바람에는 흔들릴 게 분명하고
> 하루 종일 닫혀있는 창밖으론

벙어리 새들만 날아간다
한때는 동그라미였던 접시들의 자리를
세모들이 차지하였다
저 외관도 곧 누군가의 힘에게 밀려 쫓겨날 것이라는 걸
외관의 날들도 이미 눈치를 채고 있었다

-「외관의 날들」 전문

도입부에서 일상에서 만나는 흔한 욕망의 행태를 보는 듯하다. "세모뿔 모양의 가방을 든 여자"는 세련된 가방을 지닌 존재로 누구나 갖고 싶은 세모뿔 모양의 가방을 가지고 있다. "무엇으로부터 비슷해지는 방해"를 받고 싶지 않은 것이 인간의 마음으로 자신만의 개성을 연출하고 싶은 심정이다. 그러나 "내용이 사라지고 없는 외관만이 번식하였다"에 이르면 욕망의 본질을 잘 드러내고 있다. 겉으로 화려하게 치장하는 것보다 가치있는 것이 내면의 아름다움을 갖추는 일일진데, 겉으로는 드러냄으로써 자신을 과시하고 싶은 욕망이 속 빈 강정처럼 부질없는 일임을 메시지로 전하고자 한다. 명품 상점 앞에서 비싼 가방이나 의류를 구입하기 위해 줄을 섰다는 소식을 우리는 자주 듣는다. 모든 것이 넘쳐나는 시대에 누군가는 허기진 배를 움켜쥐고 있어도 소비가 미덕이라도 되는 듯 자신을 과시하기 위해 명품점 앞에서 줄을 서는 사람들의 정신적 결핍은 현대인의 정신적 빈곤을 극명하게 드러내고 있다. 앞으로도 새로운 상품이 출시되면 명품을 기다리는 사람들의 허기는 또다시 줄을

서는 것이 반복될 것이며, "고층의 빌딩들"은 하루 종일 창문이 닫혀있고, "벙어리 새들만 날아"가는 이상한 풍경은 현대인들의 욕망과 정신적 빈곤을 매우 상징적으로 보여준다. '고층빌딩' '닫혀있는 창문' '벙어리 새' 등의 상징어들이 그것을 단적으로 나타내고 있다.

이밖에도 「TV」에서는 "위험하고 날카로운 말들이 저녁의 인파처럼 바글거"리는 것이 자본주의의 속성임을 드러내고, "저 혼자서도 폭삭 꺼지는 도로를 다른 나라말로 구시렁거리"는 인간에 대한 사랑을 외면하는 타자가 되어버린 매체의 속성을 잘 보여준다. 뿐만 아니라 소녀가 실종되었어도 변비약 광고에 열을 올리는 자본주의의 비인간성과 그늘을 드러냄으로써 휴머니즘이 매몰된 우리 사회의 속성을 비춰준다.

「아가」에서는 "코끼리 독수리 비단뱀"으로 상징되는 상위포식자와 "검사 판사 국회의원 대통령"으로 은유화된 권력자들이 상위포식자 짐승들과 다름없음을 짚어내고 있다. 더불어 먹이사슬화 된 세계는 자신의 이익을 위해 "욕심 질투 배반"이 횡행하는 사회구조를 이루고 있음을 전제한 뒤, "방바닥에 무릎을 대고/기어서 오는" 무욕의 아가를 제시함으로써 어른과 아가를 대척점에 놓고 어른들의 성찰을 바라고 있다.

「은행나무가 서 있던 자리」에서는 자본문명에 사라진 은행나무를 기억함으로써 인간의 본성을 회복하고자 하는 메시지를 던지고 있다. 정육점 앞을 오래 지켜온 은행나무가 도로확장공사에 뽑혀 생명과 시간의 단절을 꾀함으로써 생명성과 은행나무가 살아온 시간성을 함부로 훼손하는 비정함을 고발하고 있다. 특히 이 작품은 은행나무의 존재를 규명하던 노란 단풍, 단풍의 색채이미지인 도로의 노란 중앙선, 그리고 비오는 날의 노란 비닐우산을 상기시킴으로써 은행나무의 시간성과 존재성, 생성과 소멸의 과정을 형상화시켜 회화적인 방식으로 시의 품격을 높이고 있다.

「지구에는 기름이 얼마나 남아 있을까」는 많은 '바퀴자국' '골프채' '문예지' '플라스틱' '황사' 등의 제시어를 통해 석유 에너지로 작동하는 자본주의의 속성을 드러낸다. 여기에서 주목하는 것은 '십자가'이다. 십자가는 예수의 죽음을 통한 인간의 구원을 말함인데 시인은 '십자가'마저 인간의 욕망의 대상으로 인식한다. 왜곡된 신앙을 말함과 동시에, 역설적으로 오늘의 현실을 많은 십자가가 필요한 시대라고 은연중에 발언하는가 싶다. 이처럼 소비와 향락으로 얼룩진 우리시대 욕망의 원천인 기름이 얼마나 남아있는지를 물음으로써 현대인의 욕망을 드러내며 우리에게 보다 적극적인 성찰을 바라고 있다.

3.

서정시의 효용성을 여러 가지로 설명할 수 있겠지만, 불화에서 화해를 지향하고, 절망에서 희망을 꿈꾸는 일이다. 더불어 중요한 것은 우리가 어른이 되면서 잃어버렸거나 잊어버린 순수를 고향이나 유년, 그리고 어머니의 모성성에서 되살려내고자 한다.

김숙희 시인의 시선집에도 어김없는 모성성의 등장은 어머니의 손길과 헌신에 대한 그리움 때문이다. 그러므로 휴머니즘을 지향하는 김숙희 시인의 시는 유년의 시간으로 회귀하여 어머니를 호명한다.

> 해오라기 한 마리가 그의 저수지를 읽다가
> 돌아가는 중이다
>
> 자신에게 할당된 도서圖書를
> 바람이 먼저 몇 페이지 넘겨버리고 갔는지를
> 헤아려 보는 일이
> 우리들의 인생이었을지 모른다
>
> 어느 여행지에서 미련한 독서를 만났다
> 높고 기다란 폭포에서 떨어지는 물소리를
> 하염없이 읽고 있었던
> 늙은 노간주나무 한 그루도
> 튀어 오른 물방울에 눈시울이 젖어 있었다
>
> 평생 동안 가족들만 읽어내었던
> 어머니의 부엌 독서 같은
> 미련함을 한참 바라보았다
>
> -「미련한 독서」 전문

이 작품엔 풍경을 바라보는 세 가지 모습이 있다. 저수지를 읽는 해오라기 한 마리, 폭포에서 떨어지는 물소리를 듣는 늙은 노간주나무, 그리고 평생 가족만을 위해 사랑을 쏟은 어머니의 부엌 읽기가 그것들이다. 이 세 가지 풍경 중 해오라기와 늙은 노간주나무는 어머니의 이야기를 이끌어내기 위한 장치들이다. 이 작품에서 이채로운 대목은 풍경을 바라보거나 폭포소리를 듣는 것, 그리고 가족만을 바라보는 어머니의 행위를 '읽다'라고 언술하고 있는 부분이다. '읽다'는 흔히 '책을 읽다'라고 할 때 사용되는 말이지만, 화자가 일정한 거리에서 '해오라기' '늙은 노간주나무' '어머니'를 관찰하는 시점이 적용되고 있다. 주관적인 감정 노출을 억제하고 대상들을 서술하기 위한 장치이다. 더불어 참신한 시적 표현을 통한 시인의 미감을 형상화하기 위한 태도가 엿보인다. 이 작품 속 존재들의 행위를 책을 읽는 것이라는 인식을 통해 "자신에게 할당된 도서圖書를" "헤아려 보는 일"이라고 하고, 이것이 우리가 살아가는 방식일지도 모른다고 한다. 즉 독서가 생존방식이라는 것이다. "해오라기 한 마리가 그의 저수지를 읽"는 것, 늙은 노간주 나무가 "높고 기다란 폭포에서 떨어지는 물소리를" 읽는 것, 어머니가 "평생 동안 가족들만 읽"는 것 등이 삶이라는 것이다. 이들이 읽는 책은 그것들과 모두 관계되는 것들로 '삶을 살아내는 것'으로 귀결된다. 그런데 화자가 궁극적으로 말하고자 하는 메시지는 어머니의 독서, 즉 어머니의 삶이라고 할 수 있다. 평생 가족을 위해 사랑을 베풀고 희생을 해온 "어머니의 부엌"이 의미하듯 가족을 위해 밥을 짓는 수고를 "미련한 독서"라고 말한다. '어머니의 부엌'은 집에 딸린 부엌이라는 의미도 있지만, '부엌'이라는 고유성이 의미하듯 '가족을 먹여 살리는 공간'이라는 의미도 내포하고 있다. 그러므로 '미련한 어머니의 삶'의 역설은 가족을 위한 어머니의 헌신을 말하고 있다.

「밀 향기」는 후각적 이미지를 통해 어머니의 사랑이 갈수록 귀해지는 시대의 안타까움을 노래하고 있다.

손이 닿지 않던 상처에 하얗고 부드러운 약을 발라주던 엄마의 손끝에서는 은밀하고 두터운 밀 향기가 났다 어떤 슬픔의 지점에서도 때 아니게 피어오르던 그런 내음새였다

가끔 레몬 향이 알맞을 것 같은 장소를 지나가기도 한다 백화점의 명품관 같은 데에서는 도저히 밀 향기가 어울리지 않아 냄새로 인한 낯설음을 치루기도 하였는데 삼나무 밭을 지나올 때 향기보다 맹렬한 요의에 시달렸던 적도 있었다

친했던 사람과 헤어지고 온 밤에 이상하게도 나는 접시에 담아온 포도 한 송이를 먹었고 그 때문이었는지 이별의 기억이 그렇게 나쁘지만은 않았다

도시의 빌딩들이 밀처럼 자라고 있었지만 내게서는 갈수록 은밀했던 밀 향기가 희미해져 가고 있었다

-「밀 향기」 전문

어머니가 약을 발라주던 때는 아마 유년이었을 것이

다. 이후 성장한 후 "백화점의 명품관"에 가서는 "어울리지 않아 냄새로 인한 낯설음을 치루기도 하"고, 도시에서는 "갈수록 은밀했던 밀 향기가 희미해져 가고 있었다" 화자는 밀 향기가 사라져 가는 현실을 안타까워하며 밀 향기를 그리워한다. '밀 향기'는 "부드러운 약을 발라주던 엄마의 손끝에서" 나는 "은밀하고 두터운" 향기로, "어떤 슬픔의 지점에서도 때 아니게 피어오르던 그런 내음새"이다. 즉 '밀 향기'라는 기표는 '어머니의 사랑'이라는 기의를 말한다.

이 작품에서 '레몬 향' '삼나무 향' '포도 향'이 등장하거나 특정한 향기를 암시한다. 레몬 향에서는 낯설음을, 삼나무 향에서는 맹렬한 요의를, 포도 향에서는 이별의 기억이 나지만, '밀 향기'는 "슬픔의 지점에서도 때 아니게 피어오르던 그런 내음새"가 아니다. 즉 어머니의 부드럽고 따스한 사랑이 깃든 향기가 아니다. 유년의 상처를 치유하던 밀 향기를 그리워하는 화자의 마음은 근원적으로 휴머니티가 실종되어가고 있는 시대에 진정한 사랑을 갈구하는 현대인의 소망이 깃들어 있다.

이밖에 어머니의 사랑과 헌신에 대해 깊이 천착한 작품으로는 「진눈깨비」나 「북두칠성」이 있다.

엄마 손 잡고 장에 갈 때 진눈깨비가 날렸습니다

가게 앞의 깡통 난로에 장작불이 타오르고 있었습니다

엄마는 그 앞에서 내 젖은 어깨를 말려 줍니다

어른들은 진눈깨비를 뚫고 연신 장으로 몰려듭니다

오늘은 하늘도 화가 났는가 보다고

엄마는 수건을 벗어 내 얼굴을 감싸줍니다

처음엔 무서웠던 진눈깨비도 시간이 지나면서

친구처럼 되어 갑니다

이제 와선 입술이 파래지도록 걱정스러운

날이 찾아오면

엄마와 함께 헤치며 걸었던

진눈깨비 속의 장길을 떠올려 봅니다

하늘이 아무리 화가 나 있더라도

절망도 불행도 뚫고 갈 수 있을 만큼

진눈깨비는 내렸더라는

기억에 매달려 보곤 합니다.

-「진눈깨비」 전문

이 작품은 연마다 단문으로 상황을 진술하는 형식을

취하고 있다. 각기 다른 내용을 툭 던지므로 해서 많은 정서적 사건들로 하여금 사색하게 한다. 시적배경은 화자의 유년으로 진눈깨비가 내리는 장에 가는 길이다. 주지하다시피 서정시는 과거형이 될 수밖에 없다. 현재진행형이 될 수 없는 것은 정서적 사건은 모두 지나간 일들이기 때문인데, 다시 떠오르는 정서적 사건을 오랫동안 잊혀지지 않고 기억하는 까닭이다. 기억은 각별한 인상이기도 하지만, 이것이 시의 질료가 되는 것은 특별한 감흥을 내재하기 때문이다. '기억'은 감정이라는 정신표정으로 인간과 인간 사이에 관계를 맺게 한다. 어린 시절 어머니와 함께 가는 장날을 떠올리면 진눈깨비가 떠오르고 진눈깨비를 매개로 한 이야기가 생각난다. 즉 진눈깨비는 엄마를 연상시키는 매제이다. "가게 앞의 난로에 장작불이 타오르"던 것과 엄마가 장작불 앞에서 젖은 화자의 어깨를 말려주던 까마득한 날의 따스한 풍경이 되살아온다. 그날 진눈깨비 내리던 것을 "오늘은 하늘도 화가 났는가 보다"고 까마득한 시간의 간극을 뚫고 엄마의 목소리가 되살아난다. 그날 "엄마는 수건을 벗어 내 얼굴을 감싸"주었고 화자는 무섭게 내리는 진눈깨비가 두렵지 않았다. 엄마의 따스한 손길 때문이다.

이 작품의 중반부에서는 현재의 시점으로 돌아와 "입술이 파래지도록 걱정스러운 날"이 찾아오면 진눈깨비 내리던 유년의 장길이 떠오르고 아무리 많은 눈이 내려도 화자는 두렵지 않다. 인생은 시련과 극복의 나날이 반복되지만 엄마와의 기억이 힘이 되고 삶의 등불이 되는

지를 잘 묘파하고 있다.

「북두칠성」은 엄마의 예지력을 보여주는 작품이다. 운주사의 칠성바위는 각기 그 크기가 다르다. 마치 하늘의 별을 그대로 지상에 옮겨놓은 듯한 운주사 칠성바위가 지닌 민간신앙적인 의미인 인간의 길흉과 장수를 점칠 수 있고 관장한다고 한다. 그러나 사람들이 그것을 믿거나 말거나 화자의 엄마는 북두칠성의 내력을 훤하게 꿰뚫고 있다. 엄마는 "계절에게 바람에게/절기를 배우고 때를 아는" 예지력을 지닌 까닭이다. '계절'과 '바람'이라는 자연의 변화를 통해 절기를 배우고 때를 아는 일은 오랜 경험과 삶의 이치를 터득하고 있기 때문인데, 엄마는 예지력을 지니고 있어 북두칠성이 지닌 의미를 읽는 엄마야말로 자연에 순응하고 우주의 섭리를 미리 받아들이는 특별한 존재일 터라는 화자의 믿음이 두텁다.

4.

김숙희 시인은 특별히 '시간'의 관념을 구체화시키고 자신의 체험을 통해 시간이 지닌 의미와 양태를 탐구하는데 상상력을 펼치고 시간을 할애하며 정성을 들인다. '시간'을 인식하는 존재는 오직 인간뿐으로 시간에 지배되고 시간을 지배한다. 역사는 시간이 켜켜이 축적된 것이지만 그러나 역사 속 인간의 삶은 시간을 견뎌낸 자들의 존재를 규명하는 증거들이다. 이렇듯 인간은 시간과 함께 강물처럼 흘러가버리는 존재이지만 시간을 붙잡아 기록하는 유일한 생명체이다. 김숙희 시인은 시간의 관념을 자신의 실존을 통해 규명하고 시간이 지닌 진실을 탐구하는데 진지하다.

> 기차가 움직이기 시작하자 겨드랑이가 가려워지기 시작한다 밤을 건너야 하는 후천성 열감에선 대륙풍의 전조가 일었다
>
> 맨 처음으로 경험해야 하는 일들이 아직도 얼마나 많이 남아있을까 그곳으로 가는 막 기차에 몸을 실었던 처음이 바퀴의 소음 속으로 멀어지고 있다 지루하고 신선한 풍경이 지나갈 것 같다
> 목포행 막차에서는
> 경치들, 저마다 자기의 이름을 갖는 걸 좋아한다
>
> 바퀴가 목포에 닿으면 이곳에서의 일들이 지나간 일이 되어 떠나간다 보살피지 않아도 기차는 제 자리를 지켜나간다 나는 그 시간들을 다 바라보지 못하고 창에 기대어 잠이 들고 말았다
> 기차는 그 사이에 저 혼자서 목포에 닿았다
>
> -「기차는 저 혼자서」 전문

화자가 기차를 타고 목포에 닿는 사이, 그 시간 속에 깃든 이야기와 시간과 풍경을 뚫고 지나온 기차의 거리가 있다. 여기에서 '거리'는 '시간'이며 '풍경'이다. 출발한 지점과 목포라는 거리 사이는 '공간' 또는 '장소'라는 개념이지만 '시간'이 내포하는 물리적인 공간이며 장소이다. 때는 밤이고, "후천성 열감에선 대륙풍의 전조가

일었다" "그곳으로 가는 막 기차에 몸을 실었던 처음이 바퀴의 소음 속으로 멀어"질 때 "신선한 풍경이 지나갈 것 같다" 그러나 '신선한 풍경이 지나'가는 것이 아니라 기차가 풍경을 지나가고 있다. 실은 시간이 흘러가고 있다. 이때 "경치들, 저마다 자기의 이름을 갖는 걸 좋아한다" 평범한 경치가 아니라 존재를 드러내고자 하는 욕망은 갖는 것은 모든 존재들의 필연성이다. 화자가 기차를 타고 출발할 때 "처음으로 경험해야 하는 일들이 아직도 얼마나 많이 남아있을까" 하는 기대는 "바퀴가 목포에 닿으면 이곳에서의 일들이 지나간 일이 되어 떠나간다" 어떠한 일들도 시간의 흐름에 흘러가버리고 추억만이 남는다. 그러므로 '추억'이니 '기억'이니 하는 정신 표정은 모두 흘러간 시간의 지층에 켜켜이 쌓여 남아있는 것이다. 화자가 목포행 기차를 타고 내려가는 밤시간, 수많은 차창 밖의 풍경을 떠나보내다가 어느 사이 잠이 들고, 마침내 "기차는 그 사이에 저 혼자서 목포에 닿"는다. 화자가 달리는 기차에서 풍경을 바라보며 시간 속을 달려오지 않았지만, 그러나 기차는 제 시간에 맞춰 목포에 도착하였을 것이고, 무의식 속에서도 물리적인 시간은 흘러갔다. 화자가 잠든 시간은 시간이 멈춘 것이지만, 깨어있거나 잠든 시간에도 "기차는 저 혼자서" 시간을 끌고 왔음을 통해 존재성과 실재성, 그리고 깨어있음과 잠듦에서 시간이 어떠한지 그 실체를 보여주고 있다.

「시간의 진실」에서는 시간의 절대성을 모색하고 있다.

빗방울이 조금씩 새는
지붕 아래를 지나갈 때
어떤 사람은 떨어지는 빗방울을
이마에 맞고
어떤 사람은 빗방울이 고이는 동안
무심히 지나간다

같은 장소에
빗방울이 떨어지는 시간과
빗방울이 모이는 시간이
공존하고 있다

모든 시간의 진실은
나에게만 배정된
절대의 시간이라는

누구나 자신에게만 배정된
시간을 살다가 가야 하는
시간의 진실이 자리잡고 있었다
-「시간의 진실」 전문

빗방울이 새는 지붕 아래를 지나갈 때 "어떤 사람은 떨어지는 빗방울을/이마에 맞고/어떤 사람은 빗방울이 고이는 동안/무심히 지나간다" 같은 곳에서 "빗방울이 떨어지는 시간과/빗방울이 모이는 시간"에 화자가 인식하는 것은 '시간'이 지닌 절대성이다. 누군가는 빗방울에 이마를 맞고 누군가는 빗방울이 고이는 시간, 즉 빗방울이 떨어지지 않는 시간에 지붕 아래를 지나가는 까닭에 빗방울에 이마를 맞지 않는다. 빗방울에 이마를 맞는 것과 맞지 않는 것은 중요하지 않다. 만약에 화자가 빗방울에 이마를 맞았거나, 맞지 않았다고 해도 오직 화자가 빗방울이 새는 지붕 아래를 지나가는 일은 오직 화자에게만 배정된 "절대의 시간"이기 때문이다. 그러므로 "누구나 자신에게만 배정된/시간을 살다가 가야 하는/시간의 진실"만이 가치있다. 존재는 오직 자신이 생명성을 지닌 시간만이 실존의 시간이고 자신에게 주어진 시간 속에 일어나는 일만이 자신의 존재를 규명하는 것임을 말하고 있다.

이밖에 「오전 아홉 시」는 '오전 아홉 시'라는 특정시간을 통해 자신만의 존재를 드러내고 삶의 서사를 만들어가고 있음을 보여준다.

오전 아홉 시는 출근시간이다. 누군가는 아홉 시가 되면 셔터를 올리고 셔터가 올라감으로 해서 생존활동이 구체화 된다. 그러나 "집안에 총알을 쌓아놓고 사는 이들은//오전 9시를 상관하지 않는다//번호표를 뽑아 들지 않는다" 오전 아홉 시가 되어 번호표를 뽑는 이들은 서민들이고, 번호표를 뽑지 않아도 되는 이들은 특권을 가진 자들로 "무릎을 붙이고 공손하게 앉"지 않아도 된다. 우리 사회의 불평등과 모순을 드러낸 이 작품은 오전 아홉 시, 은행 셔터가 올라가면서 일어나는 상황이다. 시인은 '오전 아홉 시'라는 은행 문이 열리는 시간에 주목

한다. 물론 꼭 오전 아홉 시에만 일어나는 일은 아니지만, 하루의 일과를 시작하는 오전 아홉 시에 상징성을 부여하고 인간의 실존방식에 주목하고 있다.

> 채송화가 햇볕을 물고 있거나
>
> 식구들의 빨래가 깨끗하게 말랐거나
>
> 우체부의 무거운 자전거가 다녀갔거나
>
> 마당이 아직 비어 있거나
>
> 옥수수대 줄기에 와서 바람이 길을 잃었거나
>
> 어디선가 갑자기 우주선처럼 생긴 오후가 날아왔다
>
> 어쩔 땐 단체로 몰려와서
>
> 본래는 여기가 저희들의 영화관이었거나
>
> 그 근처가 분명하다고
>
> 쉽게는 돌아가지 않을 것 같을 때도 있었다
>
> 잠자리들은 너무 한꺼번에 몰려 왔다가
>
> 한꺼번에 사라지곤 하였다
>
> 좌절에게 불려가서 쩔쩔매야 했던 날에는

너무 한꺼번에 날아온 오후가 생각났다

-「너무 한꺼번에 날아온 오후」 전문

「너무 한꺼번에 날아온 오후」에서는 '오후'라는 시간을 바라보고 있다. 채송화가 햇볕을 쬐고 있는 시간, 식구들의 빨래가 깨끗하게 마른 시간, 우체부의 자전거가 다녀간 시간, 그리고 마당이 아직 비어있는 시간이다. 이러한 시간은 일상의 소소한 시간이다. 일상의 소중함을 잊고 있다가 "좌절에게 불려가서 쩔쩔매야 했던 날에는//너무 한꺼번에 날아온 오후가 생각"나 날마다 맞는 평범한 오후의 행복을 되새겨보는 것이다. 이렇듯 무심히 흘러가는 시간의 의미를 가치있게 인식하는 화자의 깨달음이 배어있는 작품이다.

어릴 때 시장에서 국수를 사러온 남자를 본 적이 있었다 모자를 눌러 쓴 남자는 눈빛이 슬퍼 보였다

저울에 국수를 달아 신문지에 싸던 국수가게 아주머니는 남자가 시장을 보러 나온 걸 모처럼 본다며 시장바구니 안을 들여다보았다

뒤에 서 있던 여자아이가 신경에 쓰였는지 남자는 국수를 사러 나온 까닭에 대하여 들려주지 않았다

국수를 담은 남자의 시장바구니가 사라져 갔다 시장 골목을 한참이나 어슬렁거렸던 늑장 덕분에 여자아이의 어

깨가 빗물에 젖고 말았다

감기가 길어져 의원에 업혀 가던 날까지 남자의 국수에 대한 궁금증이 빗발처럼 굵어지는 것 같기도 하였다

여자아이의 시간이 국수처럼 길어져서 머리칼이 기다란 소녀가 되었다

- 「국수와 소녀」 전문

「국수와 소녀」는 "어릴 때 시장에서 국수를 사러온 남자를 본 적이 있었다"고 말하는 소녀가 있다. 이 소녀는 화자 자신일 수도 있다. 국수를 사러 온 남자는 "국수가게 아주머니는 남자가 시장을 보러 나온 걸 모처럼 본다며 시장바구니 안을 들여다보았다"고 말한다. 남자는 국수를 사러 나온 이유를 말하지 않는다. "국수를 담은 남자의 시장바구니가 사라져 갔다" 시장 골목을 어슬렁거렸던 여자아이는 어깨에 비를 맞았다. 국수 사러 나온 남자에 대한 기억을 갖고 있는 여자아이는 "감기"로 상징화한 성장통을 앓으며 성장하면서 "남자의 국수에 대한 궁금증이 빗발처럼 굵어지"고 마침내 "여자아이의 시간이 국수처럼 길어져서 머리칼이 기다란 소녀가 되었다" 화자는 '여자아이의 시간', 즉 머리칼이 국수처럼 길어지는 시간은 소녀가 성장하는 시간으로 형상화시킴으로 해서 이 작품에 서정의 깊이를 투사시킨다. 동화 같은 아름다운 이야기를 품고 있는 이 작품은 '국수처럼 긴 머리

카락'이라는 보이지 않는 시간을 '국수처럼 길어진 국수발'이라는 시각적 이미지로 감각화하고 있다.

5.

김숙희 시인의 미덕은 언어를 잘 부리는 데 있다. 상상력이 어떻게 언어를 만드는지에 대해 깊은 관심을 보여주고 있다. 시인은 언어를 부리는데 능숙해야 하는 것은 당연지사이지만, 메시지만 담아낸 시, 말장난만 난무하는 시들이 많은 우리 시단에 김숙희 시인의 언어는 실존에 대한 깊은 사유에서 나오는 것으로 그가 시인이라는 것이 천만다행이라는 생각이 든다.

인간의 언어는 경험으로 학습된다. 언어 학습은 진지한 삶의 체험을 전제한다. 많은 사람들이 언어를 지적능력의 정점이라고 생각한다. 그래서 언어를 '정신문법'의 하나라고 인식한다. 김숙희 시인의 시에는 이러한 것들과 궤를 같이 하면서도 언어를 통해 실존방식과 사유의 깊이를 체현하고자 한다.

무슨 대답을 듣고 싶으신 지는

제가 먼저 알고 있어서

잘 지낸다고 전해 드립니다

그렇게 대답 할 줄 미리 알고 계셔서

힘들지야 그렇게 맞받아 주십니다

묻는 말과

대답하는 말이

허공 속에서 서로의 다리를 세워

묻는 말과

대답하는 말 사이로

오가는 교각이 생겨납니다

-「교각橋脚」 전문

이 작품은 언어의 효용성과 발화된 언어들이 만나 어떻게 작용하는지를 아주 구체적으로 보여준다. “묻는 말과//대답하는 말이//허공 속에서 서로의 다리를 세워//묻는 말과//대답하는 말 사이로//오가는 교각이 생겨” 난다고 한다. 대상이 말하기 전에 “무슨 대답을 듣고 싶” 은지를 잘 알고 있는 화자는 미리서 “잘 지낸다고” 발화한다. 그러자 대상은 “그렇게 대답 할 줄 미리 알고 계셔서” “힘들지야”하고 맞받아 준다. 이렇듯 서로의 발화방식은 서로의 정신 표정을 미리 알고 있음을 전제한다. 말하는 방식의 차이로 인한 오해는 우리의 일상에서 수없이 많이 발생하여 서로에 대한 불신을 자초하기도 한다. 그런데 이 작품 속에서는 무슨 대답을 듣고 싶어 말하는지, 그렇게 말하는 이유를 알고 맞받아 주는 일종의 정신문법을 통해 원만한 소통을 이루고 있다. 언어의 정신문법으로 충분한 소통이 "허공 속에서 서로의 다리를 세" 우는 것을 "교각橋脚이 생겨"난다고 한다. 교각은 끊어진 길을 잇기 위해 허공에 세우는 구조물을 말한다. 이른바 '다리'이다. 이때 '다리'는 시멘트나 철조구조물을 통해 놓은 길의 의미보다는 '마음이 통하다' '이해하다'라는 정신적 영역에 해당된다. 마음이 어떻게 원만한 언어를 만드는지에 대해 잘 말하고 있다.

「도착하기 전에」는 '꽃샘'이라는 언어가 어떻게 만들어지는 과정을 보여주고 있다.

> 어릴 땐
> 꽃에게도 샘이 있다는 말로
> 알아들었다
>
> 사랑이 오기 전에
> 도요새가 도착하기 전에
>
> 나의 마음이 당신에게로
> 문을 열기 전에
>
> 바로
> 그 직전에
>
> 한참의 망설임과
> 뒤채임이 지나가야 했더라는

꽃샘이라던
아름다운 말을

-「도착하기 전에」 전문

국어사전에서 '꽃샘'의 의미를 '이른 봄, 꽃이 필 무렵의 추위'라고 풀이하고 있다. 그런데 화자는 어린 시절 "꽃에게도 샘이 있다"는 말로 이해하였다. 이 작품에서 화자가 말하고자 하는 '꽃샘'의 의미는 사전적인 뜻일 수 있다. 그러므로 "사랑이 오기 전에/도요새가 도착하기 전에//나의 마음이 당신에게/문을 열기 전에" "한참의 망설임과/뒤채임이 지나"간 후 "꽃샘이라던/아름다운 말을" 깨닫기에 이른다. "사랑이 오기 전에" 화자의 마음이 당신에게 문을 열기 전에는 '꽃샘'을 '꽃에 있는 샘'이라고 이해하였다가 누군가에게 마음의 문을 연 후에는 사전적인 의미의 아름다운 말이라는 것을 알게 되었다는 메시지를 전하고 있다. 그러나 어쩌면 아직 누군가에게 마음의 문을 열기 전인 유년에 생각한 "꽃에게도 샘이 있다"는 '꽃샘'의 의미가 더 아름다울 수 있다. 새로운 언어의 의미를 알아가는 과정은 성장의 과정이며, '망설임'과 '뒤채임'이라는 실존의 고통으로 깨달은 언어의 의미가 어떤 것인지를 말하고 있다. 또다른 측면에서 생각하면 사전적인 언어의 의미가 갖는 '꽃샘추위'가 성숙한 삶의 모습을 담고 있다고 할 수 있다.

이밖에 「겨울 아침」은 마치 연금술사의 손길처럼 놀라

운 언어의 효용성을 잘 그려낸 작품이다.

아침에 깨어나 창문을 열어 제치자 한참 동안 말이 나오지 않는다. “누군가 너무 커다랗고 하얀 낙엽 한 장 펼쳐놓”은 풍경의 아름다움 때문이다. 그 모습을 “인디언들의 말을 빌려 표현하자면 하느님이 흘린 손수건 같은 겨울 아침”이라고 한다.

눈 내린 모습은 초자연적인 현상이기 때문이 인간의 언어로는 표현하기가 힘들다. 그런데 시인은 자연을 숭배하며 자연적인 삶을 사는 인디언의 말을 빌려 표현하는 언어를 구사하고 있다.

「장미를 심어놓고 갔다」에서는 ‘장미’가 심어진 뒤로 “아침을 기다리지 않아도 아침이 왔다”고 진술한다. 누군가 장미를 심어놓고 시치미 뗀 것처럼 화자 역시 자신이 몰래 무엇인가를 심어놓고 “장미꽃처럼 그렇게 무언가가 자라서 아침 역시 기다리지 않아도 장미처럼 아침을 드러냄을 인식하는 과정을 보여주는 이 작품은 언어가 지닌 표정을 감각화하고 있다. 특히 ‘장미’가 단순한 꽃의 의미를 넘어 ‘아침’을 나타내는 언어의 상징을 보여주고 있다.

6.

시詩는 시인의 사유가 투사된 것으로 시인의 정신세계가 고스란히 반영된다. 더불어 인간이 추구하는 보편적인 가치를 담아낸다. 그러므로 시인이 살던 시대의 가치관을 그대로 보여준다. 시인의 언어가 병들면 그 사회의

미래를 예측하기 힘들고 희망을 꿈꾸기 힘들어진다.

오늘날 물질문명의 발호로 인간이 사물화 · 도구화 되어가며 갈수록 피폐해지는 시대에 무엇보다도 인문주의가 절실하다. 이러한 시대에 김숙희 시인의 시는 휴머니티를 가치로 내세우고 다양한 삶의 양태를 살펴보며 삶의 본질을 묘파하고자 한다. 이러한 노력의 일환으로 탐욕스러운 인간의 욕망을 성찰하고자 자본주의의 그늘이 드리운 삶을 내밀하게 들여다본다. 어머니의 삶을 통해 가족을 향한 끝없는 사랑을 기억하며 그 의미를 되새긴다. 뿐만 아니라 자연을 통해 순연한 인간의 모습을 되비추며 희망과 미래에 대한 전망을 한다. 이러한 시인의 시작詩作활동은 인간에 대한 사랑의 발로에서 비롯된다.

한편, 김숙희 시인의 시는 형식과 내용의 새로움을 추구하는데도 게으르지 않아 '시간'이라는 관념을 의미화하여 인간의 삶의 기저가 되고 있는 것들을 사색한다. 특히 김숙희 시인은 '언어'의 본질에 깊이 천착하며 물리적인 현상으로서의 시간보다 시간이 지닌 근원적인 본질을 시적으로 형상화하고 있어 주목된다.

이러한 김숙희 시인의 미덕은 말하는 방식의 새로움, 낯설고 참신한 언어구사로 인해 미학적인 측면에서 시인만의 개성을 드러내는데 유용하게 작용하고 있다.